Libro de visitas

Manuel Moya

Colección Leteo

eolas
ediciones

Esta obra ha sido galardonada con el
V Premio de Poesía Fundación MonteLeón
que otorgó el jurado compuesto por
Antonio Gamoneda, Juan Carlos Mestre, Rafael Saravia y Matteo Lefrévre

© Manuel Moya, 2024
© de esta edición: Eolas ediciones
en colaboración con Club Cultural Leteo

www.eolasediciones.es · www.clubleteo.com

Dirección editorial:
Héctor Escobar

Coordinador de colección:
Rafael Saravia

Diseño de cubierta:
Javier Arce

Ilustración de cubierta:
Joaquín Olmo

Maquetación:
Alberto R. Torices

Imprime:
Safekat S. L. (Madrid)

ISBN: 978-84-10057-62-3
Depósito Legal: LE 358-2024

Libro de visitas

V Premio de Poesía Fundación MonteLeón

Serie Azul de Metileno

Sólo amé lo fugaz.
M. SHUKRI

También tú te hundirás, hermoso astro.
HÖLDERLIN

...ese trencito de cuerda
que se llama corazón.
PESSOA

a Fali, Ricardo, Pilar, Mario, Antón, Margaret, Juan Antonio, Fernando, María Luisa, Ana, Manuel, José Antonio, Paco, Felisa, Rafael, José Manuel, y alguno más que ahora se oculta a mi memoria, porque todos vosotros llenáis mi libro de visitas.

Razón para la existencia del rey don Sebastián

Quien vuela en sus sueños vuela lejos,
y el que escucha la fuente y frecuenta la duda.
El que nutre sus días, no en las trazas de un camino
que se esconde, sino en la certeza del agua que no
    vuelve.

Porque quien entierra sus sueños prepara ya su fin
y cada día sube hasta su casa sabiendo que en su casa
se construye un cadalso y en el espejo su rostro
es un rostro labrado en la nieve.

Porque quizás tus sueños fueran devastadores,
del todo irrealizables, pero eran
los que seguían dando vida a tus ojos,
y eran la luz que todo lo engrandece.

En todos la muerte se abre paso,
se alzan contra ella los sueños y la duda.
Atarte a lo seguro es enterrarte,
tomar un atajo hacia la nada.

Todos lo sabemos: empiezas a morir justo ese día
que decides aceptar como buena la derrota

y al huir del polvoriento campo de batalla
junto al escudo y la espada te deshaces de tus sueños.

Adolf Schulten entra definitivamente en Tharsis

Desde la escalerilla, un ya anciano Adolf Schulten
gira el cuello y, sin saberlo, por última vez contempla
    Iberia.
Hace tiempo que sueño y realidad, esos mares interiores,
mezclan sus aguas, pero él sigue viendo, nunca ha
    dejado de ver
y nada, ni siquiera el hosco juicio de los otros, consigue
    doblegarlo.
Quizás, como dicen, todo haya sido un error,
y, de ser así, no le queda tiempo ya para enmendarlo.
Pero él sabe con certeza que en algún lugar de sí mismo
se esconde la ciudad de la plata,
de la que Avicena y Estrabón escribieran un día,
la que dio sentido y luz al Occidente,
pero dónde, se pregunta, dónde.

Adolf Schulten querría despedirse de la ciudad nunca
    encontrada,
la enigmática capital de los tartesios. Sobre la arena ha
    visto
el muro solitario, los podridos muelles, un jurel aún
    boqueando.

Un rey salía entonces de palacio, un niño vendía pescado
    en las esquinas,
una muchacha se asomaba a una ventana y lo llama por
    su nombre;
¡Schulten, Schulten!
Los ha visto, él los ha visto, quién puede hoy negárselo.
Pero hace tiempo que por una extraña finta del destino
lo persigue el fracaso y el desdén,
como antes, mucho antes, lo persiguiera la fortuna.

Mientras asciende al avión, va dejando atrás
un rastro de arenas removidas, un dios de terracota,
el nombre del trueno inscrito en una piedra.
Desde la escalerilla de ese último avión,
jura seguir viendo la muralla,
donde los mercaderes discutieron ante él
el precio y la calidad de los metales,
o el muelle a cuya vista hoy mismo siguen comerciando
    los fenicios
y donde aún se pronuncia el púnico nombre de las diosas.

Se engaña Schulten: todo eso ya ha sido
y a él se lo contaron viejos navegantes,
que acaso lo escucharon de otras voces que a su vez...
Y sí, es posible que alguien viera alguna vez esa muralla,
las panzudas trirremes cabeceando en la arena,
la grávida muchacha que hundía sus ojos en el mar
    tenebroso.

Quizás los haya visto él mismo, sí,
pero la arena, terca, de su pico la defiende, y la ciudad
    perdida
le niega su fulgor en espera de más diestros marineros,
pero ahora, lo sabe, a medida que asciende, la arena va
    cediendo,
y él se hunde en sus simas para, ocioso, caminar entre
    sus calles;
él, el viejo ogro alemán, ahora contempla
la tumba de Argantonio aún no violada por los
    hombres,
y a todos pregunta el precio del pescado,
y discute la pureza de la plata
con un viejo que, como él, hace mucho que ha partido.

¡Schulten, Schulten!

Tarde en Ákragas

(retrato de Empédocles)

También tú te hundirás, hermoso astro.

HÖLDERLIN

«Yo os digo que en todo hay un hacerse, un deshacerse,
un ir y un venir de esto hacia lo otro
y de lo otro hacia esto, y que cada cosa es a un mismo
    tiempo
llama y cenizas, y así como lo vivo hubo de no ser para
    ser luego,
y por el amor se hizo forma esparciendo sus esporas por
    la tierra,
así también la muerte y la discordia nombra cuanto
    vive,
haciendo que la llama sea llama y que caliente, y que
    consuele.

Avanza la tarde con su serena zancada
y hasta la luz ya quiere echarse a dormir junto a la
    piedra.
Allí, sobre la colina, los almendros que a estos confines
    dieron fama,
y los olivos, en cuyas sombras enloquecían de amor las
    ninfas;

detrás de la muralla, detrás del promontorio,
que cae como un telón sobre el teatro del mar de los
    tirios,
el de los impávidos dioses que vieron atracar
exhaustas de plata y de estaño las trirremes de
    Argantonio,
aguardan.
Allí, sobre la colina, los templos dorados, el declamar de
    la piedra,
la columna rota, el vencido atlante, el ciprés sereno,
hechos cáliz sobre la noche aún púber
aguardan tus palabras».

¿Reconoces a ese hombre?
Sí, el que camina hundiendo el pecho,
el que habla, el que parece llevar en sus manos un nido
    palpitante de tórtolas.
Ese hombre es Empédocles,
el que, buscando por la tierra la frágil armonía de las
    cosas,
mandó alzar todos estos templos,
que desafían al aire, al fuego, a la tierra, al agua,
siendo a la vez fuego, agua, tierra y aire
y a cuya belleza se rinden hoy cientos de viajeros,
ese hombre que ahora camina entre las piedras, confiado
    y locuaz,
sí, ese, el que a todos aventajó
quizás no en riqueza ni en audacia,
sino en amor por la verdad

y por esta tierra que siendo antes temible
hoy sólo causa admiración.

                Ese hombre, digo, que camina
entre los hombres, con paso vacilante y ojos huideros,
el que al alzarse cada mañana observa el aire
y escucha el canto de las calandrias,
el que se humedece la frente y se echa cada tarde a este
    polvoriento camino,
el que a los hombres dio dignidad de hombres,
y proclamó la igualdad y nos ofreció la palabra,
no ignora que allá arriba, donde el fuego se hace tierra y
    aire
su destino lo espera, y que los suyos, que sembraron la
    paz,
la paz recogerán en grandes serones o en grandes redes.
Miradlo, ya el fuego lo reclama. Miradlo.
También tú te hundirás, hermoso astro.

¡Bastaría un soplo para la destrucción del mundo!

Encontrado entre los papeles de Dante

Cuando ya siento más que mediada mi vida,
creo saber reconocer a los inmaculados,
absortos en el difícil trabajo de su paz,
a los alelados, que litigan con un enemigo inexistente,
a los perplejos ante una realidad
que se esconde tras complejas artimañas, desvaríos,
a los capaces de hurgar entre las vísceras
con tal de hallar un trozo de intacta emoción,
a los curiosos, atrapados en su propia riqueza,
a los indignados de toda indignación.
                             Y mientras camino,
reconozco la bondad gratuita, la libertad descalza,
la lentitud sin explicaciones,
la amistad sin dobleces, el amor por Beatriz que me
    devasta
y me pregunto si sería capaz de vivir en un mundo
donde ninguna de todas estas gracias sucediera.

Carta a un joven poeta
(Rilke)

Abandona todo,
la tierra hueca, el árbol lejano,
la hierba que nace en las fotografías,
abandona todo,
los cielos de la Atlántida, el color del Véspero,
la muchacha que baila frente a la pantalla,

y aférrate a lo tuyo más vivo,
a la tierra que cruje en tus pisadas,
al árbol que sembraste y cuya sombra es ya tu sombra,
a esa hierba tuya que nace en lo más tuyo,
a los cielos de tu aldea, al olor de esta tarde,
a la muchacha que baila en el brocal de tus ojos,
hazlo,
como si vivieses el último de tus días,
como si esta tarde fuera la última,
como si la luz que ahora y hoy te baña
te bañase para siempre
ocultando las nubes que llegan del Oeste.
Átate a lo que tienes, a lo que eres, a este minuto,

a este corazón que cabalga en tu pecho
como animal enjaulado.

Prepárate entonces, pues aquí comienzas tú y el mundo.

Fernando Pessoa

(autorretrato)

Siento sobre mí el peso de las horas,
un agujero en los huesos tan grande como yo,
como el de esos barcos que de pronto abandonan los
    muelles
dejando a su través un vacío de levas y de mástiles. De
    mí.
Ahora, por ejemplo, debiera emprender algún viaje,
debiera alzarme, vestirme una camisa y echarme a ese
    camino,
donde la vida o algo parecido a la vida espera —ay
    horror— algo de mí,
pero aquí sigo, sin saber si hago bien o hago mal en no
    hacer nada,
entregado una vez más a los sueños,
pero los sueños son hoy como agua llovida en un
    columpio,
agitada corriente que se estanca.
Me pregunto cada día por qué dejé la vida en esto, en
    mí.
Me lo pregunto cada día,

y no encuentro una respuesta (ni siquiera la más banal
     de las respuestas),
pero aquí sigo, conmigo, contra mí, sabiendo que no
     hay
ningún mérito en seguir dando pasos y otros pasos, y
     más pasos,
sino tal vez una falta de perspectiva íntima,
un no ver lo que está tan a las claras,
mientras ahí, por todos lados, rueda el mundo,
con sus charangas y sus payasos serios,
con sus corbatas, sus obras completas, sus sudarios,
sonriendo pánfilamente ante el orden y la usura, ante la
     estupidez, ante lo incierto
y yo, por más que me coloreo los pómulos,
por más que ensayo ante el espejo o el papel,
no logro componer sino a pedazos esta máscara
que es mucho más yo de lo que yo nunca he sido,
más tú de lo que tú nunca serás.

Emily Brontë

Sí, pronto mi sangre verteré en el río de la noche,
pero volveré cuando la siembra, penetraré en el hueso
y sobre el húmedo musgo mis ojos brillarán.

Nacerá la flor del lobo de mis uñas
y con el grajo, al batir el vuelo, haré temblar la rama,
porque habré de ser tu dicha y habré de ser tu rostro,

la puerta, la quietud, el brezo donde la luz se rompe
y hasta ti alcanzará mi voz y hablaré al oído
del que llega, del que abdica

y me daré a la luz como el agua se da al agua
en el tempestuoso arroyo,
como el arrendajo se da a toda la bandada,

como se da el rastro a la serpiente
y así conmigo la noche se verterá en la aurora
y así conmigo florecerán los brezos

y el sol que nazca de mi sangre quieta
calentará las piedras,
y el olvido dará forma a las veredas y a los pozos.

Sylvia Plath medita sobre la rosa

> la rosa viva sin la rosa.
>
> Sylvia Plath

Para Iñaki Gamboa y Elisa Rueda

Muerta la rosa, ausente de sí la rosa,
dime, ¿por qué aún vemos la rosa?
¿Es que en su vacío seguimos escuchando el latido de la
    rosa?

¿Por qué? ¿Por qué la rosa sigue siendo rosa
a pesar de haber dejado hace rato de ser rosa?
¿Es que acaso el recuerdo de ser rosa,

su ausencia, su silencio, su desrosa
sea al fin la rosa?
¿por qué en ese tallo donde ha muerto la rosa

resiste en su fulgor la rosa
y aún restalla su orfandad de rosa?
(¿pero dónde está, dónde fue la rosa?)

¿Por qué tan a pesar de no estar ya la rosa,
seguimos viendo la rosa, la rosa, la rosa,
la rosa viva sin la rosa?

Llanto por Pier Paolo Pasolini

Y al cerrar los ojos las ruedas dejaron de girar sobre su
    cuerpo.
Cumplido ya el trabajo, las gaviotas, en la playa,
volaban asustadas, cómplices también de aquella hora.

Pronto, en la noche profanada, otras calaveras se
    sumaron a la turba.
Unas se cruzaban con las otras, unas venían a dar en las
    otras:
crecía la noche en un regurgitar de húmeros y tibias.
                            «Todo, todo estaba hecho».

Pero no todo estaba hecho: el mar seguía batiendo las
    orillas
y un hombre agonizaba ante una luna sin respiración,
    absorta.
Dijeron que había llegado del Norte, pero nadie supo

explicar cuándo ni con qué ciego propósito.
Dormía entre ruinas y buscaba en los talleres
el sol azul de una caricia. Quedaba todo por hacer

y él quería darse como madre o riachuelo

que, libre, corre por los prados. La ferralla
y las grúas tomaban a su paso los arcenes,

las puertas donde acaso llegaran cartas de Albania o de
    Detroit
seguían en pie, luchando contra el miedo y la carcoma.
Cuánta insolencia escupían entonces los arbustos,

mientras el sur lo llamaba con un cuchillo entre los
    dientes
y un muchacho tendido al sol de los terrados.
Sin hígado y sin hiel ya era tan monumento nacional

como lo es el nauseabundo palazzo di venezia o il gesú.
Suyo era el graffiti del enorme falo bajo los puentes
del Tíber, un reguero de semen vertiéndose en el alba,

la blanda risotada que corría de palacio en palacio
    mientras los bedeles
y los jueces conspiraban, rígidos, nostálgicos, contra la
    sed del mundo.
Faltó tiempo para que los débiles, los píos y los simples,
    los serviles,

profanaran el nombre de su nombre y celebraran su
    castigo.
Las cloacas de Roma tomaron las terrazas y el viejo Tíber
bombeaba sus aguas tumefactas hacia el descrédito del
    mundo.

Los muertos regresaron, mansos, obcecados en sí mismos,
a sus tumbas, y ni siquiera con turbias risotadas
otros pudieron ya resucitarlos (¡Gramsci, Gramsci,
      Gramsci!).

Cuando ya los faros le embestían, nadie le advirtió,
cuando a solas gritaba en la oscuridad de las letrinas,
cuando se hendía en la nada como esas viejas trirremes

que remontaran las costas adriáticas, nadie
le advirtió. Quienes debieron advertirlo,
quienes todo lo recibieron de sus labios,

corrieron asustados a sus celdas y majadas. A las cloacas.
Nadie se jacte de estar vivo desde entonces. Nadie
vive del todo, Pier Paolo, desde entonces.

Cuando la sangre falta, los bedeles ejercitan el poder
de su vacío, poniendo carteles a las cosas,
a todas las cosas, y los arroyos, que con tanto fervor

hablan a los chopos y a los chamarices,
pronto olvidan su nombre, y con él al obrero
de Fregene, que medita su desgracia

mientras el semáforo cambia a verde
y a la chica que busca empleo o algo de ternura
bajo los puentes de Roma nadie quiere preguntarle,

porque sin él se ha acabado el mundo. La alegría
y el temblor y la inocencia del mundo. Y ya nada
se toma la molestia de temblar hasta que de nuevo,
    alguna vez,

salten las cuencas de unos ojos y otro hombre desvalido
    y audaz
camine entre la *folla*, como si ahí, bajo el olor
a salmuera de la muerte, bajo los tendones triturados,

pudiera amasar su propia voz, su leve y nuevo paso por
    la tierra,
hoguera de inocentes, tierra yerma y humeante de
    cadáveres.
Pero no, amigo Pier Paolo, amigo obrero de Fregene,

aunque nosotros creamos seguir estando vivos,
sin ti hemos vuelto a perderlo todo y de nuevo ha sido
en Roma, en Roma, en Roma, la de moradas cúpulas,

en una Roma de postal amancebada con sus puentes,
mientras un caballo gris de largas crines
hace resonar sus cascos en el Corso,

sobre una tierra podre, donde nada crece, salvo la cicuta,
la soledad, la noche, el escombro, el puro hastío.
Roma, la ciudad, el martirio, donde algún día Gramsci

espera florecer de sus cenizas.

Retrato de mujer en el bar del hospital
(E. Schiele)

porque hoy todo es igual y tú lo sabes.

LUIS ROSALES

Y sí, ya sabemos que hoy todo es igual,
pero al abrir los ojos advierto que no, que todo no es
    igual,
que existe una vibración en las cosas, un fluir de las
    cosas como a ráfagas,
un ir y un venir de las cosas a las cosas, un algo sin fin y
    sin propósito.
Esta mujer, por ejemplo, la que me da la espalda
    mientras muerde una tostada.
Ésa. Ésta. Sí. La que ha venido a saber de su enemigo,
la que medita en algo turbio
o no medita en nada, presa de sí misma y su terror,
la que mira ese toldo que para ella acaso deje de serlo
    muy muy pronto,
la que apaga la voz, escuchándose quizás por vez
    primera,
la que siente esa víbora lamiéndole los huesos.
No es todo lo mismo, sí, me lo dice esta mujer que se ha
    teñido el pelo,

que se ha vestido con su mejor camisa, que ha dejado en
    casa
todo cuanto ella y la vida fueron dándose por bueno,
esta mujer que observa sus manos, que mira las cosas
como si las cosas estuvieran naciendo justo ahora para
    ella,
esta mujer que pide transparencia a la mañana, a esta
    mañana,
igual a otra mañana y que con su pellizco de dolor, con
    su presente,
anuncia que no hay ni habrá nada en su sitio
y que la vida tiembla, porque nada hay que lo sea para
    siempre.
Al fondo ve esa puerta (ella la va mostrando sin
    mostrarla)
donde todo sobra, como teñirse el pelo o ponerse la
    mejor camisa,
la taza donde posa la letra tibia de sus labios,
esas cosas que nos dieron y le dieron para hacer más
    livianos
días como éste, en el que todo parece aceptar su
    caedumbre,
el sol, las nubes, ese toldo...

Y todo porque hoy el mundo parece empeñado
en desplomarse sobre el mundo.

Oración

(Prazeres)

Ya estoy aquí, madre. ¿Ves?, no he tardado tanto.
Pronto, muy pronto me quedaré aquí, contigo.
No ha valido la pena esperar estos diez años.
Nada había que esperar. Ni el amor vino, ni vino el
    sosiego.
Ni uno ni otro podían venir y tú lo sabías.
Nada hay en mí que tú ignores.
Mis ínfulas, mis esperanzas, mis pequeñas e inútiles
    victorias… nada.
Tuve los más grandes sueños
y ninguno, ni siquiera el más modesto, se cumplió.
Ha sido un gran malentendido esto de vivir,
pero no había otro remedio que seguir con la vida y con
    los sueños.
Todo lo malgasté en sueños, madre.
Unos se fueron a la guerra y volvieron victoriosos o
    mutilados,
otros se fueron al amor y a él se encadenaron de por vida,
unos se hicieron invisibles incluso para ellos mismos,
otros buscaron aventuras en continentes lejanos,
otros fueron odiados, otros perseguidos, de otros nada se
    supo,

pero qué fue de mí, madre, qué hice de mí,
yo, que podía haberlo sido todo.
Desde muy pequeño todo en mí
fue incoherencia y mudanza. El mundo
oscilaba a mi alrededor y yo oscilaba entre el mundo
y mi enfermizo apego a la ensoñación.
Tú me llevabas de la mano, madre,
por las calles de Durban y sentía que a tu lado
nada malo podía sucederme.
Era aquél un mundo huraño y violento,
pero por entonces éramos indestructibles, madre.
Tú te echabas a dormitar sobre aquella mecedora
frente a los árboles inmensos y yo sentía tu presencia
y quería echarme a tus brazos
para que nada me doliera y nada me engullera.
Contigo, la aversión de los demás, se diluía.
Olías a tierra fresca, a cáscara de jacarandá
mojada por la brisa índica. Todo era misterioso
y todo me sumía en la mistificación y en el ensueño.
Te recuerdo tocando al piano aquella canción de moda
titulada *Un soir à Lima*. No hace mucho
que la escuché, madre y no pude evitar llorar un rato.

> *Llora al recordarte, madre, romana y ya encanecida,*
> *mi corazón tuyo e infantil,*
> *veo tus dedos en el teclado y está*
> *la luna ahí afuera eternamente en mí.*
> *Tocas en mi corazón, sin fin*
> Un soir à Lima.

Qué dichosos éramos entonces, vacío el cielo de nosotros

y la vida limpia donde nada pesaba.
Era demasiado pequeño cuando murió padre.
Preguntaba por él y todos me hablabais del cielo,
pero yo miraba al cielo y sólo veía un inmenso espacio
vacío y azul, sin nada dentro. A veces pasaban nubes
muy negras y pesadas que descargaban lluvia
sobre la plaza donde otros niños jugaban
y me miraban con recelo. ¿Iba en esas nubes mi padre?
¿Se habría embarcado en aquellos galeones rumbo a
    América?
Entonces despertabas y en el interior de tus ojos
azules y espantados acaso volasen pájaros perdidos.
Una catástrofe cayó sobre todos nosotros,
que éramos felices, que pudiéramos haber seguido
    siendo tan felices.
Todo se quebró aquel día, cuando padre... Fue un
    terremoto
y no pudimos resistirlo.
¿Dónde estaba padre?, preguntaba a unos y a otros
y todos me tocaban el pelo y todos me miraban
como a un bicho raro, indefenso y raro.
De un día para otro, abandonamos nuestra casa
alta y luminosa y nos fuimos a vivir a otra calle que era
    lúgubre y estirada.
Fue como cambiar de continente.
¿Cómo podía dar un vuelco tal la vida?
¿Dónde, a qué distante lugar iban a parar aquéllos que
    queríamos?
¿Por qué calles irían, dónde iban a almorzar,

a qué otras familias se unirían?, pero, dios,
¿dónde estaba padre, por qué no regresaba con nosotros,
donde todo era cálido y a pesar de todo seguía siendo
    bueno?
Todos me decíais que padre nos esperaba en el cielo
y yo salía al balcón y miraba al cielo
y sólo veía nubes, nubes que pasaban,
nubes que se deshacían y que no mostraban nunca a
    padre.
Y luego se fue el hermanito cuando aún no había
    cumplido su primer año.
¿De qué éramos culpables, qué mal le habíamos hecho
a padre y a Miguel para que nos dejaran,
qué le habíamos hecho al mundo y al Dios
ante el que todos se humillaban, para que fuera tan
    cruel con nosotros?
¡Cuánta era nuestra postración, qué fuerte la llamada!
Desde que fui consciente de mi orfandad,
todo en mí es inestable, todo está a pique de romperse.
Si padre, ese gran Dios que para mí era padre, había
    sucumbido,
qué no sería de nosotros, débiles almas, flotando en
    aquel aire viciado.
Nada se sostendría entonces. Nada tendría explicación.
Tampoco yo tenía ni tengo explicación. Quién
podría reprocharme el haber buscado
en todos los recovecos de mi ser el trozo de mí que me
    faltaba.
Quizás no haya salido de Lisboa últimamente,

pero hay pocos hombres que hayan viajado más que yo
al interior confuso y estéril de uno mismo.
Y en mi viajar sin rumbo, no he hallado
más que salitre y humo de taberna, madre.
Todo cuanto hice desde entonces fue huir de las
    biografías,
bastante tuve hasta mis quince años.
Prefiero la modorra de una vida rutinaria,
a ir perdiendo todo por esos caminos.
Aun así, por más que anduve no encontré sino recodos
    y recodos
donde nada se vislumbraba. Pasaba un recodo
y otro aparecía allí mismo. Hasta seguir caminando
    carecía de sentido.
Máscaras polvorientas se hacinaban sobre mí,
que también era una máscara. Menos que una máscara.
Pero al quitarme esa máscara otra aparecía,
y luego otra y otra hasta el punto que llegué a olvidarme
    de mi rostro.
En todas partes y para todos, salvo para ti, fui un
    extranjero.
Hasta para quienes algo entienden de mi oficio,
soy un hombre distante, marcado por la extraña
    enfermedad de la nostalgia
por lo que nunca pudo ser y no será. He procurado
encontrar una tierra firme, un lugar desde donde echar
    raíces
pero no lo he encontrado, madre. Sólo tú
eras sólida. Sólo tú podías ofrecerme fortaleza y sosiego,

pero tú, sí, tú, me abandonaste. Sí, sé que no debiera
decirte esto, pero me abandonaste. No es un reproche,
pero me abandonaste por tu nuevo marido, madre.
Él se convirtió en el centro orbital de tu existencia,
mientras yo tenía que luchar contra todos
y contra una soledad que se hacía más y más honda,
mientras me iba hundiendo, me iba hundiendo.
No tomes esto como reproche alguno. No es tiempo de
    reproches
ni soy muy aficionado a hacerlos, pero fui muy infeliz,
    madre,
en aquel lugar inhóspito donde comencé a sentirme un
    extranjero.
También tú eras extranjera, pero tú siempre supiste ser
    tú misma,
yo, en cambio, me perdí en el laberinto y así fui esto y
    aquello,
pero no fui ni esto ni lo otro: no fui nadie. Un ser vacío
huyendo de sí mismo y volviendo a comenzar en cada
    lance.
Cierto que hubo momentos felices, tardes
que parecían envolver el universo mientras tocabas el
    piano…
Un soir à Lima, pero enseguida llegaban los truenos, las
    tormentas
y yo, muerto de miedo, me escondía bajo la cama.
Ese he sido yo, un niño grande que corre a esconderse
    bajo la cama.
Una sensación que ya nunca me ha abandonado.

Papá dejó en mí la impronta de un hombre enfermo y
    hueco,
tú la de que siempre sería un hombre solitario y
    malquerido.
Muchas veces me he preguntado qué podía hacer para
    cambiar esto.
Pero asumo las limitaciones de mi ser como asumo
la distancia con que miro las estrellas.
Te pido perdón, a ti, a quien he querido más que a
    nadie,
por no haber llegado a nada, porque, como tú tantas
    veces me pediste,
no he sabido ser un hombre de provecho,
pero sobre todo porque ni siquiera he sabido hacerme
    querer
por quienes de verdad me querían,
y eso es lo peor que puede pasarle a un hombre. Nunca
he buscado el respeto de los demás, sino el cariño,
como el que no se le niega a un perro. Fracasar
no es más que un accidente, pero ¿no dejarse querer?
Todos, tarde o temprano, me fueron dando largas.
No es que yo no les importara, no, sólo que no supieron
    quererme
o yo no supe hacer que me quisieran. Fui
como el tío llegado en un vapor, el que esperaba
que cambiase el tiempo para marcharse, el que no sabía
o no quería hacerse a la tierra que lo sostenía, madre.
Tú sabes que en Durban fui inmensamente infeliz.

Para qué contar. Traté de adaptarme por todos los
    medios,
pero me pudo la *saudade*, la ausencia de algo
que ni siquiera yo sabía qué pudiera ser. Qué extraños
compañeros nos impone la soledad y la extrañeza.
Cuánto ir y venir de uno mismo hacia uno mismo.
Y cuando la tierra parecía que hubiera dejado de
    moverse, madre,
se te iban muriendo los hijos y a mí se me iban
    muriendo los hermanos,
y la tierra de nuevo nos tragaba
y nada, absolutamente nada se mantenía en su sitio
y yo no lloraba con lágrimas, sino con miedo, un miedo
que venía de la tierra o del cielo, yo no sé.
¿Por qué ellos, que estaban hechos para este mundo, se
    marchaban
y no yo? A donde quiera que fueran, sólo quería irme
    con ellos, madre.
Y los llamaba. Me pasaba todo el tiempo llamándoles,
porque sabía que si los llamaba con fuerza
me escucharían donde quiera que morasen.
¿Estarían ya con papá? ¿Era padre quien los llamaba
a su lado? ¿Por qué no me llamaba a mí,
que lo buscaba por todas partes? Nunca lo supe.
Busqué emisarios. Indagué en los libros. Me dejé atrapar
por el esoterismo, buscando otra realidad que ya era mía,
que venía conmigo. Nunca dejé de buscarlos, madre.
Buscarlos fue mi trabajo y mi destino. Mi fracaso.
Tal vez haya sido un hijo poco afectuoso

y un muy poco cariñoso hermano,
pero nunca he dejado de buscar a mi padre muerto
o a mis hermanos muertos. Todo lo que soy
lo he puesto en esa quimera. Sé que es inútil,
sé que es absurdo, pero no he hecho otra cosa que
    buscarlos.
En el sueño, en el alcohol, en los astros. He pegado
    carteles
en todas las estaciones y he comprado espías en todos
    los puertos,
pero los espías nunca me dijeron nada sobre ellos
y los carteles fueron borrados por la lluvia. Los busqué,
les di nombres, les inventé vidas, viajes, caligrafías…
pero todos se marchaban, todos se desvanecían
en ese arcón donde reposa el cadáver de mi vida,
mi verdadero cadáver, madre, el lugar de mis tormentas
    y mis apariciones.
Intenté abrirme camino entre los hombres. Lo intenté
todo, madre, tú lo sabes. Fui impresor, mediador
de minas, inventor, quise ser novelista de suspense,
astrólogo, periodista, corresponsal extranjero,
pero lo único que se me dio bien fue sablear a tía
    Lisbela, pobre.
Todo falló. Muchos piensan que todo lo que me pasa
es que no he sabido adaptarme a este país. Puede ser,
pero bien que lo intenté. Nadie ha querido
pertenecer más a algo que yo a este Portugal destruido,
    madre.
Tú sabes que no creo en Portugal, como no puedo

creer en ninguna ficción social por más sólida y clara
que parezca a la inteligencia humana,
pero con tal de que me quisieran y de ser uno más entre
    nosotros,
me hice el exaltado, comulgué con lo que solo
un iluso sin sustancia pudiera comulgar,
y me lancé en pos de las Indias imposibles. ¡Una,
otra quimera! Pero aún hoy, cuando ya no quedan
    Indias
por descubrir, sigo buscándolas, madre. Y sólo
para que me perdonen, sólo para que digan «el pobre lo
    intentó,
fracasó en todo, de acuerdo, pero al menos intentó
ser de los nuestros». Creí en el Sagrado Destino de
    Portugal,
con la misma fe que alguien cree en las máquinas
de coser o en una marca cualquiera de bagaço.
Qué le vamos a hacer. Creí en nuestra superioridad de
    almas.
Quise ver nuestra resurrección espiritual
en el mito de El Deseado. El Quinto Imperio
nacería de un pueblo de ancho y hondo espíritu
y quise creer que así era el nuestro,
porque si antes fuimos el faro de Europa
con nuestras navegaciones hacia lejanas islas,
si antes dimos mundos al mundo, por qué no ahora
habríamos de ser el Imperio que remontara las almas,
el que rompiera la áspera cadena que concluyó en la
    Gran Guerra.

También el Quinto Imperio ha quedado arrinconado
    ahí,
como una más de mis quimeras. He errado hasta ser
    ridículo,
hasta esconder mi cara por las calles, hasta sufrir como
    un castigo
la mirada de los otros. Ya no busco comprensión.
Cuando se está con un pie en el estribo,
estorba incluso la comprensión.
Madre, después de tanto ir y venir,
por fin comprendo que no nací para lo real,
y aunque la vida no haya querido desprenderse de mí,
tampoco yo quise agarrarme a ella. Nunca
he aprendido a llevar una existencia donde los otros
pudieran sentirse cómodos. Todo lo que he querido,
acabé por conseguirlo, pero no hacia afuera,
no de los demás, no con los demás. Puedo escuchar
en mi memoria una y otra vez *Un soir à Lima*,
que tú tocabas al piano en las tardes africanas,
pero no puedo recordar tu voz. ¿Por qué
se ha ido tu voz, mamá? ¿Por qué no consigo recordarla?
Antes era tu voz la que templaba mis días,
el dique ante una realidad coja y ciega, pero ahora
hasta tu voz me ha abandonado.
No, no es un reproche dirigido a ti, mamá, sino a mí.
Qué ha sido, qué he hecho conmigo. Qué será de mí.
La próxima vez que me veas venir por estos rumbos
será para quedarme. Muchos creen
que lo que me ha traído hasta aquí ha sido el alcohol.

No. Sólo los cándidos y los ingenuos pueden pensar
    algo así.
Tú no. Tú sabes que he llegado hasta aquí
por la pura imposibilidad de llegar a alguna otra parte.
He sido un extranjero. No viajé más que por mí, en mí.
He soñado más de lo que puede soñar toda una
    generación,
el delirio de soñar jamás me abandonó. He sido yo
mi más convicto prisionero. Todo
se me ha ido en soñar. Al sueño
he entregado lo más valioso de mí. Entre el sueño y yo
escogí el sueño, madre. ¡Cuántas de las cosas
que di por ciertas o por justas, no eran sino el mero
    vestigio de mis sueños,
el sonambulismo de mi incomprensión! Descubrí
que el alma es más grande que la vida,
pero ya no sabía qué hacer ni con una ni con otra.
Lo busqué todo y nada me bastó. Acaso, madre,
te sorprenderá saber que hubo un amor en mi vida.
Un amor verdadero. Se llamaba Ofelia.
Sí, como el personaje de Hamlet. Ofelia.
Hasta su nombre tenía que ser un sueño. Pero ella era
    real,
fue real. Real como lo son estos cipreses. Ella me quiso
y yo la quise a mi modo, pero tampoco ella podía darme
    esa tierra firme
que yo andaba buscando. Al final la hice sufrir.
Estaba casado con un sueño. Me enamoré de otras
    mujeres

pero lo hice sólo para saber que podía enamorarme,
que el amor estaba en mí, como estuvo el sueño
o la posibilidad de otros mundos.
Madge, Guiomar, esos fueron sus nombres. Pero Ofelia,
    Ofelia…
Mira, ésta es la pitillera que me regaló
en uno de mis cumpleaños. ¿Es bonita, verdad?
Tú ya habías muerto. Quizás fue un error
dejarla marchar, hacerla sufrir con mis excentricidades y
    mis miedos.
Esta tarde tal vez la vuelva a ver
y le pediré perdón, no por haberle dado falsas esperanzas,
no por haberle dado un amor que de ningún modo
pudo fructificar, sino por haber abierto en su pecho la
    sima del desengaño.
Ah, madre, cuánto me he equivocado en el vivir. Cuánto
    daño
no habré hecho a quienes creyeron en mí y quisieron
    aceptarme
como pensaron que yo era. Sí, para ellos
no he sido más que un extranjero, aunque ninguno se
    atreva a decirlo.
Mis pasos no fueron nunca distintos de los suyos,
pero mi corazón estaba lejos, y aunque ellos
pudieran escuchar sus latidos, como los de un señor falso
que latiera en un cuerpo desterrado y extraño,
yo estaba lejos. Nadie,
salvo tú, ha supuesto que conmigo viniera un otro, que
    al final era yo.

Sí, claro, como fui siempre discreto y educado,
me acogieron en sus casas, rieron con mis charadas,
se despidieron de mí en el umbral, encareciéndome que
    volviera,
pero en cuanto cerraron la puerta se dijeron ufff, menos
    mal
que nos hemos librado de este imbécil, y se olvidaron de
    mí.
Pero más pronto que tarde vendré a darte compañía.
No me apena morir porque nada tengo en esta vida.
Ni siquiera esperanzas. Cuando no hay nada
que esperar, no hay tragedia en dejar que la oscuridad
    avance y nos engulla.
Hoy mi recuerdo está con Mário, un muchacho
    asustado y vehemente
al que nadie había enseñado a vivir. Recuerdo ahora
lo que supuso para mí la noticia de su muerte,
esa sensación de que nada se tiene, y la certeza amarga
de que no le quedaba otro camino, por duro que fuera,
pues qué podía hacer el pobre Mário,
que ya lo había hecho todo, que acabar con su vida
y no exponerla más a la quincalla de los días.
Pero al menos él supo ver con claridad su absoluta
    inutilidad para la vida,
supo ver con completa certidumbre que éste no era su
    sitio
y tuvo el coraje suficiente para decir basta, hasta aquí
    hemos llegado.
Yo me resistí: aguanté a pie firme

y a partir de entonces me escondí para los demás.
Mi terror a la muerte, porque en el fondo existe en mí
un terror a la muerte, que no a lo desconocido de la
    muerte,
madre, consiste en saber que a la muerte no se llega
por el propio pie, que la muerte ha de mirarte a los ojos
y ha de escogerte, ha de engorar en ti sus huevos.
Pero yo no la temo. Lo que temo es no poder valerme
    por mí mismo,
el tener que apelar a la compasión de los demás,
el entregar el cuerpo inmóvil que seré a la caridad y a la
    benevolencia de los otros.
Sí, madre, me he equivocado en casi todo,
pero también es verdad que he llegado a donde sólo
    unos pocos
desafortunados llegan sin hacer demasiadas preguntas.
    Fui yo
quien se apartó, fui yo quien se echó a un lado, fui yo
quien quiso y no pudo abrir nuevas vías por donde
    escapar.
¡Cómo te he echado de menos durante estos diez años,
    madre!
Eché de menos hasta tu sufrimiento. Sin ti,
caí en una depresión de la que no me he curado del
    todo. He sido
tan frágil sin ti, que ni siquiera sentía los golpes de la
    adversidad.
Pero ahora, madre, te dejo. Esta noche ha llovido
    mucho,

pero la mañana se ha levantado azul y estos cipreses
no dejan de recibir pájaros. Los pájaros
que no han querido volar hacia el sur, los que, como yo,
nunca quisieron abandonar su casa de Lisboa,
esta Lisboa que ha hecho de mí
un forastero y un soñador sin pies y sin manos
y sin la valentía suficiente para cruzar el estrecho
en busca de las tierras cálidas del Sur o las del Norte,
como hicieron tus hijos, como hicieron todos los que de
        aquí zarparon
para engrandecer el mundo y descubrir
las Indias Imposibles.

Invictus
(siguiendo a W. E. Henley)

El amo soy de mi destino, el capitán de mi alma.
W. E. HENLEY

Mientras ahí arriba brille la luna
y los otros pájaros se escondan tras las hojas del naranjo,
me alegraré de que la vida haya hecho de mí
una roca ardiente, un vencejo con corazón y con
    plumas.
Así que cuando, alguna vez, una salva me obligue a
    regresar a los zarzales
no pediré clemencia ni trato de favor,
sino que, aún herido o asustado, volaré hasta las más
    bajas ramas
y desde allí, remontando el vuelo,
devolveré con dignidad mi gran derrota.
Muchas veces me apuntaron con sus armas
y a veces, en las altas alambradas, he llegado a sangrar,
como sangran las vacas cuando paren en el pasto
pero no bajé hasta el fango ni expuse mis plumas,
ni mi esperanza abandoné como se abandona un
    rastrillo en la hierba.
Por todos estos campos crece la rabia, la injusticia, la
    sinrazón

y a mí me encontrarás flotando en el aire sin mucho que
     esperar,
con todo por decir, derrotado, sí, pero dispuesto a
     escuchar
lo que la vida tenga a bien decirme.
También por mí vendrá la noche
y ligero afrontaré los bruscos vientos de poniente,
pero ni me rendiré, ni acudiré a la indulgencia de los
     príncipes,
ni a la piedad del mil veces vencedor.
Es posible que todo esté ya dicho para mí,
que quienes todo lo contaron por victorias
se arroguen ahora una nueva victoria,
y para cuando eso ocurra, sé que los jueces
no aliviarán mi castigo y humildemente sabré aceptarlo,
pues sepan ellos que sea cual sea su sentencia,
seré yo quien me aleje, y sepan, por si alguien dudara
     aún de mi propósito,
que seré yo quien dirija mi vuelo hasta el crepúsculo
y que, pase lo que pase, haré lo que mi padre:
nunca mancharé de tierra mis plumas ni el consuelo
o el abrigo de los lobos buscaré.
El amo soy de mi destino, el capitán de mi alma.

Tarde de otoño

(A. Pizarnik)

no quiero ir
nada más
que hasta el fondo.

A. Pizarnik

Nada hay que hoy eche de menos,
sino a mí misma. Sí.
Mis cosas. Mi vida. Mis dudas, mi cielo, mi sangre.
Todo eso está.
Lo que he dejado en las cosas, lo que en ellas ha sido, lo
    que es,
lo que aún podría ser si acaso se pudiera.
Está todo eso, sí.
Y los sueños, y eso que dicen el alma —o la conciencia—,
en la que lavo mis pies y creo como algo tangible.

Hay días en que una está sin norte,
y pesa la vida y pesa el afán
y en la cabeza se cumple la niebla y te sientes cansada,
y la tierra es un hoyo, y el cielo y el sol,
y no cuaja la carne y hasta la luz se malogra.
Son días sin dueño, mendigos
obstinados como escarcha pisada.

Pero sigo esperando, y no hay otra meta
que ver cómo aclara,
que del nublado la lluvia empape los huertos
y abreve los tréboles. Porque tener o tenerme qué es,
sino ver cómo truena, cómo aprieta la lluvia,
ver cómo escampa, cómo sopla la brisa, cómo el zorzal
suma el cielo a sus alas, cómo la sombra se blinda en
    la tarde,
cómo la cuesta se cimbra de luz,
cómo los cuerpos son templos, son ríos,
si en verdad han amado.

Y todo está en mí, menos yo,
soy yo quien me falta.

Sá-Carneiro

(Café Riche, blvd des Italiens, 16. París, 26 de abril de 1916)

> Mais nada, mais nada,
> absolutamente mais nada.
>
> M. DE SÁ-CARNEIRO

Mais nada, mais nada,
absolutamente mais nada.

¿Amar la vida? ¿Para qué,
qué puede darme a mí la vida, qué podría darle yo?
Hubiera querido ser otro, otra cosa
pero soy yo, yo sólo, irremediablemente,
pero ese yo no sirve: se me murió para la vida.
Hay quienes nacen sin manos,
quienes nacen para el amor o para el crimen,
pero yo simplemente nací sin un propósito,
sin una condición, sin una habilidad,
sin un cabo al que agarrarme.
Qué puede esperarse de quien nada espera,
ni aún las ganas de servir para la vida.
Yo todo lo he matado. Lo que hubo en mí de bueno
y de florido, lo que servía, lo que brillaba,
todo eso. Quienes se acercan a mí,
quienes me quisieron, quienes me juzgaron,
juzgaron o quisieron a un fantasma,

a una luz que se hundía en la niebla,
el rastro de unos pasos que a ningún lugar llegaban.
Y así, en este café, gastaré mis últimas monedas,
aquí acabaré esta carta y en prenda dejaré mi pluma.
Nada se perderá,
pues nada pierde la vida si quien muere
no la supo vivir. Yo todo lo empleé en soñar,
en hacer pie en un mundo (ahora lo sé) inexistente.
Adiós, adiós. No habrá muchos que me extrañen
y eso, en cierto modo, es un alivio,
y de eso hablamos, del alivio, del consuelo,
hablamos de esa voz que ya nos dicta
el fin del espectáculo, dormidos los actores,
las butacas vacías, el eco del silencio en esas lámparas.

Mais nada, mais nada,
absolutamente mais nada.

Jeanne Hébuterne vela a Modigliani
en su viaje a las costas de Livorno

¿Es que no lo comprendéis?: no puedo quedarme.
También allí debo cuidarlo.
Ahora más que nunca he de estar con él, porque él no
    sabe,
nunca lo supo, estar solo.
El más solitario de todos, el más ausente, el más libre,
pobre mío, no sabe estar solo.
Comprendedlo: he de seguirle, seguirle, seguirle…
me toca a mí devolvérselo a su madre,
atravesar con él el cielo y devolverlo a los muelles de
    Livorno,
porque aquí está haciendo mucho frío
y la nieve se posará de un momento a otro sobre esta
    ciudad miserable.
No, no podemos permitirnos que pase tanto frío.
También a los muertos hay que abrazarlos.
Y él está solo, solo, solo. Más solo que nunca y no,
yo quiero estar con él.
He de irme con él, he de acompañarlo hasta esas costas
y allí, si hay tiempo, decidir qué haremos.

Elena Garro habla de sus gatos

Gatos, queridos gatos míos,
que me llevasteis aún más lejos que mis pasos,
que me disteis la exacta medida de lo incierto,
sin vosotros no sabría, no querría vivirme,
no porque seáis imprescindibles, (¿quién lo es?),
no porque seáis irrefutables (¿lo es algo?),
no porque seáis lo mejor mío (aun siéndolo),
sino porque ya soy inconcebible sin vosotros,
sin vuestras garras yo sería una página en blanco,
una nube que, mansa, se deshace en el cielo,
porque arrancados de las sombras,
disteis luz y sentido a mis pasos
y esa poca luz y ese sentido que nacía de vosotros
era cuanto yo necesitaba para ser
en la pura conciencia y contradicción (y sinrazón)
de mí misma y del mundo.

Puente de Brooklyn

Nunca mis ojos.

DYLAN THOMAS

Nunca mis ojos cruzaron el puente de Brooklyn
ni agonicé como aquel galés con voz de cachalote varado
    en Riverdale
sobre la sábana blanca de una clínica
tras haber ingerido dos millones de whiskies
en la hierba podrida del martirio,
pero estoy tan muerto como él, ella se ha ido y estoy
    muerto,
tan muerto como un pez sacado hace semanas del
    Hudson.
Sin Holy yo estoy muerto, ya lo sé,
mi nombre flotará un par de días sobre los últimos
    charcos,
mi sombra crecerá hasta deshacerse en la nieve,
esa nieve que hurgó en los pasos de un tal Holden,
esa nieve que ocultó al mendigo bajo los toldos de
    Tiffany's.
Pero esta noche he visto cómo ella huía de mis sueños,
para perderse un poco más allá,
no lejos de las vías donde cayera el pobre Dylan,
el galés que, habiéndose bebido el whisky de cinco,

quizás de veinte mil destilerías,
aún saludaba por su nombre a todos los árboles de la
 Irving Avenue
siguiendo tal vez a un amor descalabrado,
a un galeón fantasma, a una tal Rosa Souther de cloro y
 de vinilo.
Yo sólo he perdido a Holy, pero allá donde mire
sólo encuentro el *recodo donde la noche olvida su viaje*
y un ataúd me corta el paso. Sé que dentro voy yo,
lo que queda de mí, lo que resta de Holy,
su precioso abrigo rojo de ardilla vagabunda, su sonrisa
 dorada,
sus ojos índigos, pero mientras la espero
aquí estoy, frente al puente de Brooklyn,
ese puente que mis ojos cerrados
han de cruzar esta tarde por fin y para siempre.

Mujer en la terraza

(recordando a James Tate)

Cuando hace sol, hasta los tejados parecen alegrarse
y más, si no muy lejos de mí, separada sólo por no más
    de cien metros,
una mujer tiende la ropa y yo, descansado ya de la faena
    diaria,
con una lata de cerveza en la mano, la observo.
Enseguida acepto que hay algo en esa mujer
que hace que mis ojos no puedan apartarse de ella.
¿Es guapa esa mujer?, te preguntas.
Supongo que sí, pero no, creo que no sabría decirlo
y no es esta la razón de estar mirándola.
Quizás si la encontrara en el mercado
no reparase en ella. No, no podría decir si es guapa o
    no,
si tiene buen o mal carácter,
pero no puedo hacer más que mirarla y mirarla,
seguir mirándola como si en vez de una mujer fuera un
    halcón
que con su pico y sus garras estuviera luchando contra
    una gran serpiente,
pero no, es una simple mujer

concentrada en sí misma, que se agacha
hasta el cestillo donde guarda las pinzas
y un segundo más tarde, ante el cesto más grande,
del que saca la ropa húmeda, para luego colgarla
sobre el tendal, como si de esa sencilla operación
dependiera la suerte del mundo.
Me pregunto si esa mujer es feliz al ser quien es,
tendiendo la ropa, sabiendo que el sol secará la ropa,
y me pregunto qué es lo que podría estar pasando
justo ahora por su cabeza,
pero sea lo que sea, sería lo mismo,
porque, puestos a pensar, tal vez no piense más que en
    la ropa,
en que hace un buen día, en que todo huele bien,
en que ya no hay gatos por los tejados,
en que después de la lluvia de los últimos días,
la terraza vuelve a estar limpia,
o, puesto ya a imaginar,
en que a las cinco en punto ha de llamar a alguien,
y que todo para ella cambiará a partir de esa llamada,
no sé, es igual lo que ella esté pensando ahora y sin
    embargo...
Imaginemos que no le gusta su vida,
que esa llamada que ha de hacer
justo a las cinco le causa algo de congoja
porque no, no está segura, porque no sabe si,
porque tal vez, no sé cómo explicarlo,
pero ahí sigue, plena como un árbol cargado de
    naranjas,

indiferente a sí misma como las toallas que va
    extendiendo al sol,
mientras la miro y no puedo dejar de pensar
en ese mundo suyo que ahora se mece levemente con el
    viento,
que apura sus manos húmedas, a las que tal vez
alguien sueñe con acariciar…
                              Un galeón
se posa un instante en la terraza y se la lleva, se la va
    llevando
entre las nubes que, de tan blancas, parecen más bien
    ropa colgada del tendal,
y entonces yo me saco el pañuelo y agitándolo al sol me
    despido de ella
y le grito que no se olvide de mí, que por favor no me
    deje,
que hace un buen día, que le estoy muy agradecido
por haber estado ahí, colgando la ropa,
y que lo daría todo por ser yo el hombre que esta tarde
    le hiciera el amor
sobre la hierba en un jardín remoto.

Albergo Roma

Non parole, un gesto.
Non scriveró piú.

CESARE PAVESE

Sale de su casa cuando el aire caliente
todo lo disloca. En las aceras
no queda un alma, la ciudad parece un escorial.
Lleva consigo una cartera, un libro, unos somníferos.
Mientras tiembla el tranvía en medio de la tarde,
los pasos de un hombre se pierden en la esquina.
Nada queda en él más que el eco de otros pasos.
Todo ha sido dicho ya y ese viento lo empuja.
Resta apenas un gesto. El último,
mientras la ciudad dormita al sol, los areneros
remontan el río y sueñan las muchachas con un dios
que cornea los alisos. Vacilante, ha llegado a la plaza. ¿Y
     ahora qué?,
se pregunta. A un lado la estación, con sus trenes
     quietos,
esperando una señal para alejarse.
                              Al otro
el Albergo Roma con su fachada de sol y sus arcadas
     desiertas.

En casa se ha dejado la pipa, la agenda. Sólo queda
 confiar en su memoria.
Los amigos huyeron a San Remo. A esta hora
han acabado la siesta y sus cuerpos flotan todavía
como manzanas en las piscinas.
De él apenas queda nada. Su cuerpo es un rastrojo
y todos parecen evitarlo.
Pide un cuarto tranquilo, con teléfono.
Toma la escalera y se concentra en el eco de sus pasos en
 el mármol.
Tercera planta, habitación 49*. Abre la puerta y se acerca
 a la ventana.
A lo lejos descansan las colinas, sus colinas, donde acaso
 esta misma noche
se enciendan las fogatas y el dios-cabrón, a falta de su
 hembra,
siga corneando los chopos, los alisos. En unas horas las
 colinas
serán un campo de estrellas,
y las chicas correrán a los prados y ebrias brincarán
tomadas por el humus, sudorosas.
Los trenes piafarán en la estación
y sobre sus lomos subirán viajeros somnolientos.
Nada hay tan amargo como una noche
en la que nada ha de ocurrir. Nada hay tan amargo
como la inutilidad.

---

*   hoy habitación 346

Toma el teléfono. Marca un número,
otro, otro más,
pero nadie responde y cuando al fin lo logra
es una voz juvenil que le pide que se olvide de ella, que
la deje en paz,
pues ni loca subiría al hotel para encontrarse con un
viejo aburrido
que ni siquiera sabe cómo hacer gozar a una muchacha.
Abatido, vuelve a la ventana y echa de menos un pitillo.
Se quita los zapatos y se tumba en la cama.
Piensa en las colinas
cuando de noche vuelvan a llenarse de luces.
                                        Es despiadada
la lentitud de las horas para quien ya no espera,
para quien todo está hecho y ha cerrado el cuaderno
y su voz ha cerrado. ¿Vale la pena esperar a que la noche
apriete y el sol de nuevo comience su jornada?
Mañana será como ayer y nada de nuevo ocurrirá.
El hombre entonces toma su libro y anota con cansancio
unas palabras.
«A todos perdono, a todos pido perdón. No
chismorreen demasiado».
Luego toma los somníferos y los ve disolverse en el agua.
Cuando la primera luz trepe a las ventanas del cuarto
piso del Albergo Roma
el hombre yacerá inmóvil, consumado su gesto, acabada
su obra.
Un poco más allá un tren ya viene entrando a la
estación.

En su sueño escuchará el reverberar de las vías,
el temblor con que despiertan las colinas,
y por ellas el dios que las recorre desnudo y pujante
corneando a los alisos y a los hombres.

Pizarnik

No verán cómo me arrastro, antes me iré,
nadie me va a robar esta boca que siempre fue mía,
no me van a cargar, no conseguirán doblegarme.

Qué ha sido de mí, por qué me cuesta tanto seguir entre
    los vivos,
por qué huí panza abajo, con la córnea abierta, con el
    coxis roto,
con los dedos de los pies atados a la nuca.

Es esto un carrusel
                y no hago sino dar vueltas.
Tantas vueltas doy sobre mí misma que estoy a punto de
    desaparecer
como desaparece una piedra en la profundidad del pozo,

por eso tomo mis cosas y escapo, escapo
y he de darme prisa en escapar
porque pronto llegará octubre

y creo que allá, del otro lado, al fondo,
hay una luz encendida que me llama,
que me espera.

Rina Faccio recuerda a Dino Campana
del que se despide en la estación de Pisa

io per il tuo dolce mistero
io per il tuo divenir taciturno.

DINO CAMPANA

Eras tú, Dino, Dinuccio.
Llegaste galopando en la ardiente oscuridad de tus
    cantos
y como la rama que golpea el cristal de madrugada
viniste a despertarme.
Volaron con nosotros las tórtolas cautivas,
y agotados galopamos, galopamos sobre el sol de la
    mañana.
Echados sobre el lecho, ardimos como astros fugitivos,
nosotros, vagabundos, eléctricos, incandescentes,
dimos luz al cielo,

pero en las estrellas estaba escrito nuestro sino
y al leerlo, pronto, pronto, cerramos las ventanas, nos
    soltamos,
y los dos, asustados, braceamos bajo la tormenta.
Y entró en nosotros la tormenta, los pisoteados pétalos,
y un sol sin sol crujió un instante
y luego se fue pudriendo en nuestros pies.

Quise creer, pero la furia nos cegó
y como un águila caíste sobre ti, sobre mí,
sobre la poca luz que le quedaba al mundo,
oh pajarraco ciego, pajarraco convulso, atroz, oh pico de
    la ira.

Escuchaba el tren mientras partía. Escuchaba su silbido
    en la estación.
Te estabas quedando allí para siempre.
También tú te estabas yendo sin saberlo,
pero todo me era oscuro, porque el tren en la distancia
    te había olvidado,
y yo me desangraba estación tras estación,
Dino, Dinuccio.

El gran bosque

(retrato póstumo de Dylan Thomas)

«De nuevo esa niñata, joder, quítala de en medio», me
    gritaba.
«He huido de ella como desbocado antílope,
pero sus dentelladas son tan fieras que, más que correr,
debiera esperarla aquí con un cuchillo.
Pero escucha, escúchame, mientras sus rodillas y las
    mías se descarnan
y la herrumbre nos descalicha los huesos,
nuevos huesos toman las palas y las sierras,
una nueva chica quedará sembrada sobre la ladera de
    West Cross
y el más borracho entre los borrachos
volverá a lamentar no haberse dejado morir
cuando aún estaba caliente el cuerpo de Rose Souther».
«Ahí, ahí la tienes», dice agotando su noveno bourbon,
y señalando hacia la puerta, pregunta:
«joder, ¿es que no hay nadie más que yo capaz de
    soltarle cuatro cosas,
es que todos os vais a quedar con los brazos cruzados
mientras esa cabrona os desvalija?

Porque ella es igual para quienes cosen redes en las
     playas del Índico
que para quienes en unos días arrastrarán sus pies
sobre la nieve sucia de Greenwich Village».
Luego se acerca a los que juegan al billar
y les pregunta en voz alta que por qué él, que qué ha
     hecho él
para que esa mujer lo enfile.
Yo no digo nada. Le vuelvo a llenar el vaso y callo.
Bien sabe el buen Dios, que su cara hinchada
y sus ojos de pez muerto hacen chirriar mis dientes.
No hace mucho perdí a mi madre, y en los ojos
     asustados de aquel tipo
volví a ver sus ojos antes de que entrara en el gran
     bosque.
Lo demás lo he sabido por los diarios,
que el viejo cascarrabias murió al día siguiente
en un hospital cercano, que no se cansó de hablar
de esa niña muerta en la colina,
Rose Souther, que no tenía nada, que a nada temía,
que seguía rajando y rajando de esa furcia
que ya le tenía echado el ojo,
pero por más que pregunté nadie sabía nada de la tal
     Rose,
ni del por qué de sus enormes ojos de barbo,
como si por fin, cansado ya, siguiendo a esa mujer,
se aprestara a entrar en el gran bosque.

Álvaro de Campos ante la muerte
de Fernando Pessoa

Nacer, morir, de dónde a dónde, de qué a qué.
Y nada en el centro, si acaso una luz entrevista,
un tren que pasa entre dos luces exactas y cumplidas,
mientras todo se queda en las cosas que fueron y en las
    que pudieron ser,
en el frío constipado del invierno o en el a veces
    insoportable calor del verano.
Ya no queda lugar para el sueño.
Y aquí estoy, esperando y esperándome, frente al gran
    estuario
desde donde aún con el brillo del alma en los ojos
viera partir los grandes buques,
donde alguna vez el amor se detuvo a mi vera,
ante la apariencia de un joven constelado de sueños.

Me gustaría poder soñar un rato más, sólo un rato,
y ofrecerle al alma una buena copa de entereza.
He ido por el mundo con el alma intranquila
y ahora ese alma me pide soñar.
Soñar como nunca soñara el maestro Caeiro,
soñar con lo imposible, soñar contra lo cierto
hasta acabar de una vez con lo cierto.

Pero no sé qué me pasa —no puedo soñar.
Es como si entre dormir y soñar la vida me diera sólo el
   dormir.
Me escuecen las palabras que he escrito porque ninguna
   de ellas
tapa el frío que siento echarse sobre el alma
en este momento de verdad exhausta,
pero verdad al cabo.

No, ya no puedo soñar,
no puedo, lo he intentado todo,
he gritado a todos los dioses, he aullado en todas las
   esquinas,
me he reído en las barbas de todas las ideas
y he borrado de todas las paredes
la palabra patria o la palabra salvación,
pero soñar es ahora el mayor y el más irrealizable de mis
   sueños
mientras sigo esperando al tren nocturno
entre la luz cumplida y la luz por llegar.

Oh posteridad

(Girondo)

Oh posteridad, ponete calcetines,
haz como si la tos no te muriera,
cerrá el pico de una vez, descansá,
mas sobre todo no digás que venís de la luna
o que tenés embajada en el infierno.

Oh posteridad, no vengás a llevarte
las lozas de la abuela,
no se te ocurrá llegarte sin las calzas y empañar la tarde
que hay pibitos muy callados
que recién ahora escriben versos a la luna.

Oh posteridad, pasá de largo,
tomá por la sombra, no hagás ruido,
¿es que no ves que hay niñas
que justo ahora leen versos a la luna?

Oh, posteridad, no se te olvide
llamarme en cuanto llegues,
y tapate la boca que hace frío y hace sangre,
que la luna, pobrecilla, tirita en un charco.

Oh, posteridad, chau, chau,
no le contés a ese boludo que aquí no te quisimos,
que huyó la luna con esa mina que prendía el bosque.

Tres estelas para Edgar Lee Masters

(Oaks Hill, Lewistown, Illinois)

I

Así como el cantero labra una a una sus estelas
consciente de que a su rival, Tom Altman, encargarán
    los ángeles,
porque esculpió uno de tanta majestad,
de tan radiante nobleza, que ya todos a él se los confían,
así yo, pobre poeta de provincias,
he de conformarme con labrar epitafios
como el pobre Boby Bones,
donde narro el destino arbitrario de los hombres,
las timbas del poder, la suerte —siempre sospechosa—
    de los príncipes,
la devastadora fuerza del instinto, la corrupción del
    orden y la fe,
la usura, la codicia, la vida malversada, la impureza y sus
    atajos
la fe del pobre hombre, la vibración del elegido,
el temblor del suicida...
Pero todo mi esfuerzo, ay, ha sido en vano,
pues ahora las estelas que labré se vuelven contra mí,
contra el cantero,

porque todas ellas juntas, ay, trazan mi retrato,
el de un hombre entre otros hombres,
el de un cantero en su taller
que no puede escapar de sí mismo y de su suerte.

II

Dicen unos que escribí el libro tras leer la *Palatina*,
puede ser,
otros aseguran que surgió en los días de despacho, allá
    en Chicago,
puede ser,
otros me reprochan que fue escrito en una especie de
    delirio,
de búsqueda espectral y no sé cuánto,
puede ser,
puede ser que haya sido como dicen
y que yo sólo fuera la boca por donde volvieron a la vida
    todas esas voces,
puede ser,
pero lo cierto es que ha sido en mi carne donde se
    excavaron sus tumbas,
que es en mi carne donde rompen como olas sus
    memorias,
que todas esas voces me golpean, que de mí se nutren,
que desde mí vuelan y se adhieren al papel,
que desde mí escriben sus líneas y regresan,
y que yo sólo soy la lápida banal de sus apariciones,
la colina donde todos ellos duermen.

III

¿Te sorprende, viajero, encontrar mi tumba en medio
   del camino?
¿Te sorprende la simpleza de mi estela?

No te sorprenda que un rayo de luz por un instante
se dibuje en el mármol y luego huya,
pues así también yo tuve mi instante de luz,
un solo instante y luego, huí, huyó,
y me arrastró el descrédito, el olvido, la miseria.

Y ahora, buen viajero, vuelve a tu camino,
y si en él la luz, cualquier luz, se te revela,
déjala que rompa, que te inunde,
déjala que ladre y que te invoque,
deja que te engulla y que te abrase,
déjala que hienda, y deja, deja que se aleje,
pues nada más grande ni más bueno
ha de darte la vida que esa luz, que ese instante,
que esa inútil gloria.

Kathe Kollwitz

Hice mías vuestras vidas, os hice míos,
hice de la sangre vuestra barro mío, lengua, trazo.
De vuestros ojos he arrancado el peso insoportable del
    dolor,
de vuestra herida hice mi fragua, mi huesa, el hoyo.
Siendo sal mi vientre, rasgo con el lápiz
un frío cien veces más atroz que el frío,
pero es vuestro el fruto, vuestro, siempre vuestro.
Me pregunto, qué miro cuando os miro
sino la raíz que se pudre en la historia,
su ojo de mercurio, la aldea destruida,
el hombre mil veces derrocado.

Sobre el papel vuelco vuestros rostros,
los voy desenterrando de este osario
que es mi ojo y es mi herida, y así retengo
a quienes ya no estáis conmigo y con el mundo,
a quienes, ay, me seguís gritando que no, que nunca os
    abandone.
Y ahí estáis, seguís ahí, camináis
inyectando vuestros ojos en mis ojos,
abriendo en la negrura de mis trazos
el calor de vuestras caras, de vuestra redención.

Razón para la existencia del rey don Sebastián
(versión primera)

Quien templa sus sueños es sabio,
y el que escucha en la fuente el temblor de lo eterno.

Quien entierra sus sueños prepara ya su muerte,
cada día sube hasta su casa sabiendo que en su casa
se construye un cadalso y en el espejo es su rostro
el rostro de una estatua esculpida en la nieve.

Porque quizás tus sueños fueran devastadores, locos,
del todo irrealizables, pero son los que dieron luz a tus
    ojos,
y a tu figura el lustre que la vida siempre niega.

La muerte en todos medra, pero limpios y dorados
son los sueños que nunca se realizan.

Todos lo intuimos: empezamos a morir justo ese día
que decidimos aceptar como buena la derrota
y al huir del campo de batalla
nos vamos deshaciendo como inútil carga
de todos nuestros sueños.

Índice

Otros títulos de la Serie de poesía
AZUL DE METILENO

~

Otros títulos de la Serie de narrativa
RELOJERO DE BANAGUÁS

Esta primera edición de
Libro de visitas
número 34 de la Serie Azul de Metileno,
se terminó de imprimir en los talleres
de Safekat (Madrid)
en septiembre de
2024.